EL PALAU DE LA MÚSICA CATALANA

LE PALAU DE LA MÚSICA CATALANA

JOSEP M. CARANDELL

RICARD PLA

PERE VIVAS

FUNDACIÓ
ORFEÓ CATALÀ
PALAU DE LA MÚSICA

TRIANGLE POSTALS

« RIEN NE S'ACHÈVE ET TOUT COMMENCE »

Ce vers expressif de J.V. Foix s'ajuste parfaitement à ce nouveau livre sur le Palau.

Parce que le Palau, comme toute authentique œuvre d'art, réclame, plus qu'il n'admet, des points de vue multiples, qui nous dévoilent son aura magique et son souffle poétique éternel.

Ce volume nous offre des images d'un Palau insolite, non pas par sa thématique, mais par la sensibilité avec laquelle celle-ci a été abordée, dans un exercice d'authentique re-création.

Fèlix Millet i Tusell
Président de la Fundació Orfeó Català-Palau de la Música Catalana

Tel. (971) 15 04 51
Fax (971) 15 18 36

Photos panoramiques Juanjo Puente
Conception Joan Barjau
Maquétation Mercè Camerino | Antonio G. Funes
Traduction Laurent Cohen

Photomécanique Tecnoart

Impression NG Nivell Gràfic. Barcelona

Dépot Légal B: 30.221-2003
ISBN 84-8478-100-3

TABLE DES MATIÈRES

LLUÍS DOMÈNECH I MONTANER

Cette histoire, dont nous ne pouvons expliquer que les aspects les plus substantiels, est une histoire extraordinaire qui, comme un tripode, s'appuie sur trois pieds. Le premier d'entre eux est la trajectoire d'un architecte créateur, qui commença en 1850 ; le second, la rencontre heureuse de deux musiciens en 1891 ; le troisième, la création d'une œuvre dans laquelle confluent ces trois destins.

Lluís Domènech i Montaner est né le 21 décembre 1850, rue Nou de Sant Francesc, dans la vieille ville de Barcelone. Son père était un encadreur et un éditeur important et sa mère était héritière de la maison Montaner de Canet de Mar.

La trajectoire de cet homme est impressionnante, aussi bien dans le domaine de l'architecture, que dans celui des beaux-arts, de la culture en général, de la recherche, l'histoire et la politique. « Il était de taille normale », écrit Josep Maria Roca, « mais il avait l'air distingué et svelte. Il parlait peu, avec une certaine timidité, même quand il s'adressait à des gens inférieurs ou incultes. Brusque en certaines occasions, irritable parfois à cause de son tempérament timide, dans le fond il avait un cœur qui s'enflammait d'une sainte indignation devant l'injustice et qui s'inondait de tendresse devant la bonté ».

Il fit ses études d'architecture à Madrid et voyagea en France, en Allemagne et en Italie, où il étudia les théories de l'architecte français Viollet-le-Duc, l'architecture allemande du Reich de Bismarck et l'ancienne architecture vénitienne.

Peu après avoir terminé ses études, en 1873, il obtint la chaire de projets de l'École d'Architecture de Barcelone, dont il fut plus tard le directeur. Son ouvrage « À la recherche d'une architecture nationale », paru en 1878, est fondamental en tant que prise de position face à l'amalgame de styles de cette époque et démontre sa volonté de trouver un chemin qui conduise à un nouveau style, en accord avec les exigences industrielles et culturelles de l'époque. D'autres études lui donnèrent sa réputation de chercheur dans le domaine de l'architecture catalane, en particulier de l'art roman. Son fils écrivit : « C'était

Portrait de Lluís Domènech i Montaner, par Ramon Casas

un travailleur infatigable, avec un goût prononcé pour le labeur patient et tranquille de recherche dans les musées, archives et bibliothèques, ou pour les voyages et excursions, qui menait à bien la tâche dure et exigeante des travaux, parmi les ouvriers, entrepreneurs, comités d'administrations et propriétaires ».

Il fut collaborateur ou fondateur de publications comme « La Renaixença », « La Veu de Catalunya » ou « El Poble Català » ; président de l'Ateneu Barcelonès, promoteur et président des Jeux floraux et membre de la Acadèmia de Bones Lletres.

Très tôt, il se fit remarquer dans la politique active dans le camp catalaniste : il fut président de la Lliga de Catalunya et Unió Catalanista et l'un des organisateurs de l'assemblée qui approuva les « Bases de Manresa » ; il fut également membre du Centre Nacional Català et de la Lliga Nacionalista et l'un des députés de la célèbre candidature « dels quatre presidents ».

Devenu ennemi de Cambó et déçu de la politique, il s'en retira pendant la première guerre mondiale et mourut en 1923.

Initiateur de l'architecture et de l'art modernistes avec l'édifice Montaner i Simón, et encore plus avec l'Hotel Internacional et le Castell dels Tres Dragons du Parc de la Ciutadella, il créa dans ce dernier, en collaboration avec l'architecte Gallissà, un atelier consacré aux arts décoratifs appliqués à l'architecture.

Sa grande période de création correspond aux dernières années du XIXème et aux premières années du XXème siècle ; il est l'auteur de : l'Institut Pere Mata, les maisons Thomas, Navàs et Lleó Morera, l'Hospital Sant Pau et le Palau de la Música Catalana, son chef-d'œuvre. C'est ce dernier, dans lequel triomphe un nouveau style authentiquement catalan qu'il avait tant cherché, son œuvre la plus innovatrice, osée et surprenante. Le Palau, qui reçut un prix de la Mairie de Barcelone en 1909, est la synthèse de son œuvre.

Vue du terrain où fut construit le Palau avec des restes du cloître du couvent de Sant Francesc

L' ORFEÓ CATALÀ

L'Exposition Universelle de Barcelone, sema entre autres graines prometteuses, celle des orphéons, apparus peu de temps auparavant en France, grâce aux succès qu'obtinrent certaines sociétés de Catalogne et du reste de l'Europe au concours des masses chorales de 1888. Le précédent le plus notable avait été le chœur « La Fraternité » (après « Euterpe »), créé par Clavé à Barcelone en 1850, dont l'intention était de porter la culture et la pensée politique fédérale et de gauche dans les tavernes, par le biais de chansons aux thèmes variés, parfois révolutionnaires, créées par Clavé lui-même, d'abord en castillan et ensuite aussi en catalan.

Deux musiciens créèrent l'Orfeó Català à l'automne 1891. Le plus âgé d'entre eux, Lluís Millet, avait étudié la musique avec le maître Rodoreda. Né à El Masnou et âgé de vingt-quatre ans, Millet était un jeune responsable, avec de solides convictions religieuses et une forte volonté.

L'autre, Amadeu Vives, né à Collbató en 1871, était un homme « à l'anatomie difforme à cause d'une poliomyélite ancienne, estropié et boiteux », d'après ce qu'en dit Sagarra dans ses « Mémoires », mais qui en plus d'être un artiste complet, était un homme d'une intelligence extraordinaire, agile et caustique.

Aucun des deux n'avait connu Clavet, mais ils conservaient un souvenir impérissable des groupes choraux de l'Exposition Universelle de Barcelone. En réalité, ce sont ces manifestations musicales qui poussèrent ces jeunes à créer un nouvel orphéon, qui possèderait à la fois la rigueur de l'art raffiné et le sentiment catalaniste grandissant à ce moment là en Catalogne et qui récupèrerait la chanson traditionnelle catalane sans abandonner la grande musique vocale classique.

La nouvelle entité chorale fut fondée le 6 septembre 1891 et un mois plus tard, son règlement fut approuvé. Selon l'opuscule « Orfeó Català. Historial amb motiu del XXV aniversari de sa fundació. 1891-1916 », l'Orfeó comptait, dès le départ, avec les deux maîtres fondateurs et directeurs cités, entre autres collaborateurs, 28 chanteurs, dont certains ne possédaient pas la moindre for-

Cérémonie de pose de la première pierre, le 23 avril 1905

mation vocale et musicale et 37 membres protecteurs. Mais il comptait en plus sur le dynamisme de la jeunesse et l'assurance de ceux qui savent ce qu'ils veulent.

L'organisme eut plusieurs sièges. Dans le premier, situé dans la rue Lledó, où se trouvaient des demeures de taille, mais en franche décadence architecturale, l'Orfeó joua pour la première fois en public, dans la salle Bernareggi, sous la direction du maître Millet.

Ensuite, quand il possédait déjà 50 chanteurs, l'Orfeó occupa un appartement dans la rue Canvis Nous, mais les temps étaient difficiles et les gênes fréquentes, si bien que les membres durent déménager ailleurs.

Dans la nouvelle maison de la rue Dufort, aujourd'hui disparue, mais à cette époque proche du siège central de la Poste, l'Orfeó travailla énergiquement pendant plus de douze ans, période pendant laquelle il obtint des succès considérables en Europe et où fut créée une section de garçons, dirigée au départ par le maître Joan Gay, et de jeunes filles, organisée par Emerenciana Wehrle et Josep Lapeyra.

En 1897, l'Orfeó déménagea dans le splendide palais Moixó, sur la place Sant Just i Pastor, où il vécut une nouvelle étape glorieuse et avant de prendre possession de son siège définitif, il occupa provisoirement différents locaux dans les rues Ripoll et Magdalenes.

Projet original de la façade principale

Image du Palau prise en 1908

La fête d'inauguration, le 15 février 1908 ➲

LE PALAU ET LE QUARTIER DE SANT PERE

Le quartier de Sant Pere, né sur le chemin qui unissait la ville intra-muros au monastère de religieuses de Sant Pere de les Puelles, était connu, à la fin du xème siècle, sous le nom de Vilanova de Sant Pere. Ce quartier était formé par le monastère, l'église, les trois rues de Sant Pere – Haute, Moyenne et Basse, – et les ruelles transversales. Au xivème siècle, il devint même le plus actif de la ville dans la production de tissus et, bien qu'aujourd'hui les manufactures et ateliers textiles y soient rares, – certains d'entre eux jadis célèbres, comme celui de la famille Sert, qui donna à la ville deux artistes admirables : le peintre Josep Maria Sert et l'architecte Josep Lluís Sert –, on y trouve quand même de nombreux magasins et entrepôts du secteur.

Lorsque les murailles furent démolies, au milieu du xixème siècle, l'activité industrielle et commerciale du quartier se déplaça vers la zone contiguë de l'Eixample et devint le principal moteur de l'industrie catalane en expansion. Plus tard, au début du xxème siècle, plusieurs petites rues disparurent pour laisser place à la Via Laietana et ce fut sur l'un des terrains du quartier de Sant Pere que Domènech i Montaner construisit le siège de l'Orfeó Català, son président étant alors Joaquim Cabot, personnalité remarquable de l'économie et de la culture de cette époque.

Ce que l'on peut dire tout d'abord du Palau de la Música, c'est que l'on est surpris par cet édifice insolite et étrange, mais aussi parce qu'il est situé entre des immeubles d'un quartier traditionnel ; on ne le remarquerait probablement pas autant à côté d'autres constructions modernistes de l'Eixample. L'autre sensation qu'il transmet, c'est que l'on se trouve face à un édifice qui, au lieu d'être fermé, est ouvert de toutes parts et possède peu de murs continus, et ce, aussi bien au rez-de-chaussée qu'aux autres étages.

Le Palau est un ensemble parfaitement harmonieux de matériaux divers : brique, pierre, céramique vitrée, verre, fer... Et tout cela dans le but de favoriser la vision de l'intérieur.

Même le grand groupe de sculptures de « La cançó popular catalana », œuvre de Miquel Blay, situé comme une charnière au coin de l'immeuble,

Un balcon de la rue Sant Pere més Alt vu de la salle Lluís Millet n'empêche pas d'apprécier la transparence de l'édifice. Une transparence qui devient particulièrement évidente à l'entrée, parce que notre regard, au lieu d'être immobilisé dans le vestibule, comme c'est le cas pour d'autres édifices, ne rencontre ici aucune barrière qui le détienne et le résultat est qu'il se perd à l'intérieur. Si la façade d'un édifice est comme le visage d'une personne, on peut dire ici que l'on se trouve face à une personne sans visage, face à une maison sans façade. On se trouve comme dans un monde en verre, de petites figures de verre, comme si les êtres étaient exposés dans leur intégrité, comme s'ils étaient transparents. En cela résideraient justement la modernité et son avant-garde, le Modernisme. De fait, c'est le sens que prétend posséder et que possède l'édifice.

En effet, le verre et le cristal occupent une place très importante dans le Palau, avec la présence de nombreuses portes, fenêtres, vitraux et naturellement, des lumières et des reflets. La maison en tant que défense ou intériorisation disparaît. Il s'agit d'autre chose. Un palais des merveilles, un rêve. Un domaine de lumières et de sons. Et comme on l'a dit très justement, ce n'est pas seulement un palais nocturne, mais à la fois diurne et nocturne, pour la lumière solaire et la lumière artificielle.

Malgré cela, ce n'est pas une caisse dans laquelle la lumière effacerait l'espace, ni un intérieur vide. Le groupe de Miquel Blay déjà mentionné, les bustes de grands musiciens classiques – Palestrina, Bach, Beethoven, Wagner – et le merveilleux ensemble de mosaïques, présidés par celui qui représente l'Orfeó Català, de Lluís Bru, nous font penser, comme c'est le cas pour d'autres édifices de Domènech, à l'intérieur de la mer. Une mer magique de pierres, de coraux, d'étoiles, de fleurs, de couleurs, de lumières et de reflets. Un bocal magique.

Groupe de sculptures de Miquel Blay

Toits de Ciutat Vella vus de la terrasse du Palau ➲

ORFEO
CATALA

Y · MCMIX ·

Mosaïque allégorique de l'Orfeó Català sur la façade du Palau.
Cette mosaïque fut réalisée par Lluís Bru à partir d'un dessin de Domènech i Montaner

Anciens guichets de vente d'entrée, décorés avec des mosaïques de Lluís Bru

L. BRÚ
BARCELON

Bustes de Palestrina, Bach, Beethoven et Wagner sur les façades du Palau

ANY MCMIX

LE VESTIBULE ET LES ESCALIERS

L'intérieur de l'édifice est encore plus extraordinaire que son extérieur. Le portique à deux arcs, soutenu par une colonne épaisse, servait auparavant d'entrée et d'abri à ceux qui venaient en voiture, leur évitant ainsi les gênes du soleil et de la pluie.

Presque à côté, on peut voir l'ancien guichet de vente de localités, dont la bouche présente six arcs de différents matériaux, en plus d'une combinaison multiple de formes florales et de couleurs suaves, sous lesquelles figure le nom de l'auteur des mosaïques, Lluís Bru. De l'autre côté se trouve la porte d'entrée principale pour le public et, sur le mur de gauche, sur un soutien de mosaïque qui combine le bleu et le jaune, se trouve le grand mural sur toile de Miquel Massot intitulé *La ciència musical vers l'inspiració*, titre propre de l'époque, où il était habituel de conjuguer la science et les arts.

Le plafond du vestibule présente des moulures de céramique vitrée au dessin géométrique, avec des lumières formant des étoiles. Trois marches d'escalier suffisent pour différencier le vestibule de l'espace immédiat, qui

commence avec des réverbères de base haute et fût court, des deux côtés, qui font ressortir l'espace ouvert et transparent en le baignant de lumière. Avant la restauration, au fond, là où se trouve maintenant l'accès au foyer, il y avait un vitrail avec l'écusson de l'Orfeó Català.

À droite et à gauche, s'élèvent, avec des arbres de lumière couronnée, deux escaliers de marbres et les rampes, également en marbre, s'appuient sur de beaux balustres de verre jaune translucide. Le palier de chaque escalier, de par son ampleur, permet de monter commodément au premier étage, alors que son envers, décoré de brillants azulejos, constitue une espèce de baldaquin sur le vestibule.

Vue panoramique de 360 degrés du vestibule

Le vestibule et les escaliers

Détails de l'escalier principal en marbre, avec des balustres de verre jaune qui soutiennent la rampe

L'ornementation florale est une constante dans la décoration du Palau

Le vestibule baigne dans une lumière chaleureuse

LA SALLE LLUÍS MILLET

Au premier étage se trouve le grand salon, – salle de repos –, dédié au maître Lluís Millet, dans lequel on a disposé, pour lui rendre hommage, des effigies d'autres personnalités étroitement liées au Palau. La salle possède la hauteur de deux étages et de grands vitraux décorés avec des motifs floraux, d'un effet extraordinaire. Et ce qui est encore plus extraordinaire lorsqu'on la contemple à travers les baies vitrées, c'est la vision directe de la double colonnade de la façade, que l'on peut voir d'ici avec une clarté accrue et plus de détails que si on était dans la rue, dans laquelle toutes les colonnes possèdent une coloration et une ornementation différentes, cause principale de leur originalité et de leur attrait. Il n'est donc pas étrange que l'on considère cette salle comme l'une des pièces les plus exceptionnelles du Palau.

Salle Lluís Millet

Mosaïque du balcon de la salle Lluís Millet

◐ Le buste du « maître » préside la salle qui lui est dédiée

Colonnes du balcon principal

Colonnes décorées avec des motifs floraux de formes et de couleurs différentes

Détails des mosaïques des colonnes

LA SALLE DE CONCERTS

« La salle de concerts », écrit David Mackay, « est l'une des plus belles au monde(...) ; sans exagération: c'est l'un des trésors architectoniques les plus importants. Son espace, simple, complexe, mystique et paradoxal, n'admet pas de description efficace et digne ».

La salle est rectangulaire, et la baie vitrée du plafond, d'où plonge le grand plafonnier en forme de goutte géante, l'est aussi. Contraste des lignes droites, de toutes les droites du plafond, avec la goutte lumineuse, comme si le rectangle et les droites essayaient d'empêcher la chute de la goutte fantastique, exubérante de couleurs et de reflets. Il est paradoxal que la structure en suspens suggère une coupole inversée. Le positif et le négatif cohabitent, se complètent, jouent, tranchent l'un sur l'autre.

Le plafonnier mérite d'être contemplé. C'est un soleil. Un soleil aimable qui illumine sans brûler, avec des tonalités dorées plus ou moins intenses. Il est formé, à son tour, par d'autres petits soleils, de différentes tailles, comme s'il s'agissait d'une galaxie. Autour de lui, le ciel, plus sombre, plus clair, est en

expansion. Il suggère un lac dans lequel se reflèterait le soleil, agité par les vagues, des vagues qui sont des jeunes filles, des jeunes filles qui sont des ondines, des ondines qui chantent dans l'eau. Celles qui entourent le soleil sont blondes ; les autres, brunes et blondes. Elles sont le chœur du ciel dans l'eau. Les ondines, comme on le verra plus tard lorsque l'on parlera des statues, ont leur pendant : les filles qui jouent d'instruments musicaux dans l'hémicycle. Ici, elles sont comme des sirènes dont le buste se détache du mur et dont les queues féminines, dessinées avec des tesselles aux tons pâles, paraissent être sous l'eau.

Cet art architectonique est très riche en solutions, idées et imagination. Tout y est pensé pour l'utilité, la surprise, le charme, le rythme et la beauté. L'entrée des interprètes sur scène se fait (ou plutôt se faisait, parce que la réforme a rendu cette entrée inutile) par une ouverture haute et étroite, en forme d'arc pointu, qui les oblige (ou obligeait) à passer un par un. Cela signifiait sans doute : « Nous entrons comme des individus, mais quand nous chan-

Vue panoramique de 360 degrés de la salle de concerts

tons, nous sommes un orphéon, quelque chose de différent, quelque chose de plus que la somme de tous les individus ».

La Salle est-elle un Théâtre, un Temple, un Salon ?

Cette salle est unique. Ce n'est pas un théâtre ; les statues empêchent qu'on y installe des décors. Ce n'est pas un temple, malgré l'orgue et la forme de l'abside du fond, avec des statues ; ici, la religion est païenne. C'est une salle de musique avec la présence impertinente de statues qui distraient l'attention. C'est une salle qui évoque ces salons nobles dans lesquels on interprétait de la musique et où les assistants occupaient des sièges, entourés de toiles, de statues, de vases, de lampes et de vitrines pleines de bijoux et où malgré tout, on écouta it de la musique parce qu'on en avait envie. Parce que la musique unifiait tout. C'est une salle comme un théâtre, comme une chapelle, comme un salon. Mais c'est autre chose, une salle moderniste, parce que le Modernisme aime dépasser les espaces conventionnels. Et celle-ci est le chef-d'œuvre de son auteur.

Une des sculptures de la scène

Tête du cheval ailé, sculpture de pierre blanche

La merveilleuse salle de concerts ➲

L'orgue de la scène

La scène, en forme d'abside, encadrée par les groupes de sculptures ➲

Plafonnier en forme de gigantesque goutte lumineuse

Détail du plafonnier

La vue zénithale transforme la goutte en soleil flamboyant ➲

Couronnes de lumières suspendues, excentriques, au deuxième étage de la salle de concerts

LES STATUES

Bien que le Palau ait été conçu pour écouter n'importe quel type de musique, – comme l'a bien démontré sa programmation dès le départ –, ce qui est évident, c'est que dans la décoration, Domènech i Montaner favorisa le chant choral de l'Orfeó, peut-être avec l'approbation tacite de Lluís Millet. Nous avons signalé que les jeunes filles représentées sur le plafonnier du centre de la salle forment un chœur. D'autre part, cette hypothèse est renforcée par la présence, dans la partie gauche de l'hémicycle, de la statue de Josep Anselm Clavé, incarnation, avec ses fameux chœurs, de la musique chorale de caractère populaire, dont les orphéons sont une des manifestations les plus réussies et l'Orfeó Català, la plus ambitieuse de Catalogne, du point de vue artistique. Et c'est ce que manifestent les jeunes filles assises sous le piédestal de Clavé, qui chantent « Les Flors de Maig », unies en un chœur de voix merveilleuses. Et c'est ainsi qu'on l'interprète en contemplant le grand arc de l'embouchure, avec des statues réalisées par les sculpteurs Dídac Masana et Pau Gargallo, qui représentent la chevauchée puissante et fantastique des sœurs Walkyries de la première scène du troisième acte de « La Walkyrie » de Wagner, d'une extraordinaire force musicale et guerrière.

Cheval ailé

« Les Flors de Maig » ➲

10 avril 1905 : début des travaux du Palau

🅖 Même si elles ne correspondent pas aux neuf filles de Zeus, divinités du chant et de la danse, les dix-huit figures de l'hémicycle sont connues populairement comme Les Muses

Détails des figures et mosaïques

Animal mythique de réminiscences médiévales, à l'entrée du deuxième étage

➔ Mosaïques des figures de l'hémicycle

LES ARTS DÉCORATIFS

Le Palau de la Música est en soi un hymne à la joie. On compte peu d'édifices au monde qui soient si brillamment joyeux. Oublier ou méconnaître cela, supposerait que l'on ne comprend son sens qu'à moitié. Il suffit de contempler les colonnes des façades du premier étage, recouvertes de céramique, avec leur éventail de couleurs surprenantes, formes végétales, arabesques et combinaisons de matériaux, pour avoir la certitude qu'aucun autre style n'a su créer une merveille comme le Palau de la Música.

Non seulement le Palau est une oeuvre exceptionnelle par l'originalité de la structure et la conception de nouveaux espaces, mais c'est aussi un édifice de premier ordre en ce qui concerne les arts décoratifs. Comme cela a déjà été dit, Domènech avait installé au Castell dels tres Dragons, dont il était l'auteur, et avec la collaboration de l'architecte Gallissà, un atelier pour l'apprentissage des arts appliqués à l'architecture. Sa préoccupation pour les arts appliqués est évidente au Palau, dans les différents traitements donnés à la céramique, au verre, au fer et autres métaux, et au bois.

La céramique est présente dans tout l'édifice : sols, appuis, plafonds ; comme ornement des murs, des colonnes, des guichets, de l'amphithéâtre. Il en existe de presque toutes les couleurs et dans de nombreuses tonalités, émaillée ou vitrée.

Les auteurs des céramiques furent Lluís Bru, natif d'Alicante, céramiste et scénographe et Mario Maragliano, génois, qui abandonna la musique pour la céramique et travailla à Barcelone jusqu'à sa mort. De plus, certaines entreprises spécialisées comme Pujol & Baucis ou Escofet & Cia collaborèrent.

Les vitraux proviennent d'entreprises du secteur, comme la célèbre Rigalt i Granell. L'architecte qui dirigea tout le groupe de collaborateurs fut Francesc Guàrdia i Vial, gendre de Domènech i Montaner.

Chapiteau à la couronne d'ananas dans la salle de concerts

Pégase mythique ➔

Détails de céramiques

Mosaïques aux multiples formes et couleurs ➲

Vitraux multicolores avec des motifs floraux et musicaux

La texture du verre filtre la lumière en de multiples couleurs

LE FOYER DU PALAU

Au fond du vestibule se trouve l'accès à ce qui fut le local social de l'Orfeó et qui, une fois réhabilité, est maintenant le foyer (salon de repos de théâtre et similaires), pouvant recevoir une assistance nombreuse, qui occupe les sièges et les tables, aussi bien lorsqu'il y a des concerts que quand il sert de restaurant indépendant.

Ici les larges arcs de briques sont plus sobres, mais ils sont activement décorés avec des lignes de céramique vitrée de couleur verte et des fleurs roses et jaunes, également en céramique. Alors que le plafond répète plus ou moins l'ornementation des autres plafonds du Palau, dans la réforme menée à bien par Tusquets et son équipe, le sol est la partie qui rompt le plus avec les matériaux, les formes et les couleurs originaux utilisés par Domènech i Montaner et, en général, par le Modernisme ; mais Tusquets tente, avec la moquette et les objets d'un design nouveau, des contrastes équivalents, – même si c'est à un autre niveau –, de ceux qui existent entre les différentes couleurs osées propres à Domènech i Montaner.

Le grand espace possède, entre quatre colonnes, une réadaptation du comptoir des bars, qui rappelle les bureaux modernistes des entreprises de l'Eixample ; ses verres de couleurs semblent faire un clin d'œil à ceux du grand plafonnier de la salle d'auditions.

Dans le foyer, à cause de l'importance que possèdent ici les piliers épais, on voit mieux que dans d'autres endroits du Palau, la combinaison des briques avec les ornements céramiques, certains constitués par des lignes vertes vitrifiées, d'autres par des fleurs collées aux chapiteaux, qu'elles remplacent presque. Dans une vitrine, on peut admirer la senyera (drapeau catalan) de l'Orfeó Català, conçue par Antoni Maria Gallissà, réalisée en tissu moderniste, avec la date de la fondation : 1891 ; et sur des panneaux, les noms des parrains et membres de la Fundació Orfeó Català-Palau de la Música Catalana.

Vue panoramique de 360 degrés du foyer

Étendard de l'Orfeó Català dessiné par Antoni M. Gallissà et table conçue par Domènech i Montaner

Détail d'un banc

Le nouveau foyer, au rez-de-chaussée, l'un des espaces remodelés ➲

Fleurs de style impressionniste décorant les chapiteaux

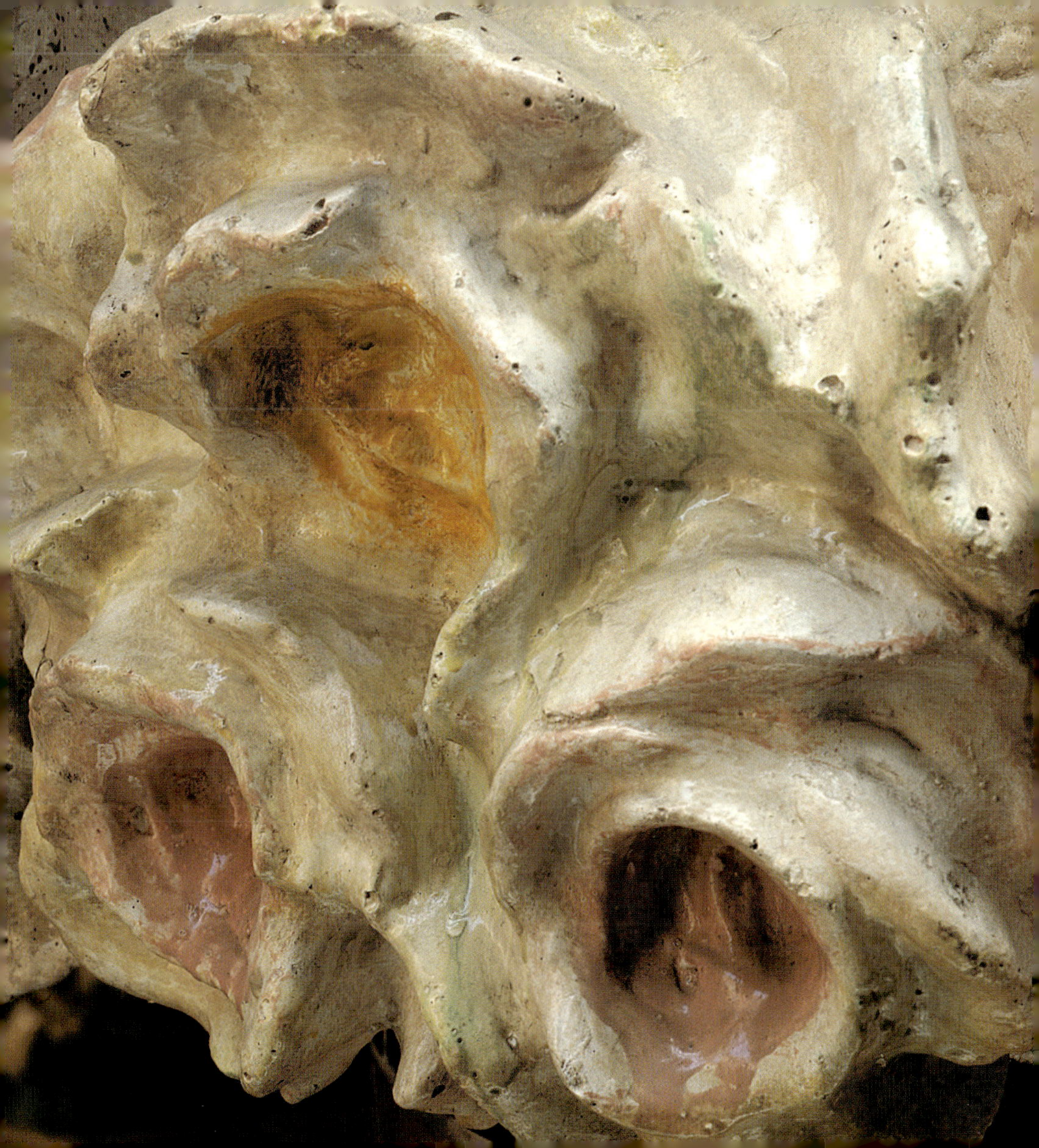

Le plafond du foyer, avec des nervures de céramique verte

Évocation de la voûte étoilée de l'art gothique

Les piliers montrent la combinaison de brique et d'ornements céramiques

Vitraux séparant le foyer du vestibule ➲

Salle de repos et bar, au deuxième étage, sous un plafond aux formes suaves

La Salle de Musique de Chambre, remodelée

L'ancienne porte de la salle ➲

TRAVAUX DE RÉFORME ET D'AGRANDISSEMENT. 1982-1989

Les travaux de réforme et d'agrandissement du Palau, sous la direction d'Oscar Tusquets et Carles Díaz, démarrèrent en 1982 et furent achevés et inaugurés en 1989. On a dit qu'ils constituaient un modèle et grâce à eux, le Palau de la Música a récupéré son état original et, parallèlement, il a gagné en espace et a vu ses possibilités augmentées.

D'autre part, le fait qu'on ait utilisé la brique, la pierre, la mosaïque vitrée, le verre et le fer ont contribué à la réussite de cette réforme, d'une manière semblable à celle employée par Domènech i Montaner lui-même, avec bien entendu les adaptations indispensables aux nouvelles utilisations de l'édifice.

De plus, alors qu'auparavant le Palau se trouvait emboîté entre des murs mitoyens, la réforme et l'agrandissement lui ont fourni de l'espace vital, surtout grâce au raccourcissement de l'église voisine et la création d'une petite place dans la partie postérieure, qui permet un accès commode au nouvel édifice et l'entrée d'air et de lumière.

Mis à part les améliorations techniques, qui peut-être étaient les plus indispensables, celles qui attirent le plus l'attention sont celles qui ont porté sur l'aspect de l'immeuble. La création d'un escalier extérieur entre l'église et le Palau a permis que l'on puisse le voir presque comme une boîte entourée de lumière de toutes parts, comme une « boîte à musique », sans étroitesse, avec aisance. L'hémicycle dans lequel se situent le chœur et les musiciens a subi un agrandissement similaire, enrichi par l'amélioration de l'acoustique, élément fondamental des salles consacrées à la musique et à la parole.

Enfin, la construction d'un édifice adjacent, de six étages, avec des loges, une bibliothèque, des archives, une salle de réunion, des bureaux, etc. signifie l'expansion idéale dont le Palau de la Música avait besoin.

Vue panoramique de 360 degrés des bureaux

Vitraux couronnant la tour du édifice

Base de tour, décorée de feuilles de palmier

Allégorie de l'Orfeó Català dans l'entrée du nouvel édifice

Chapiteau de pierre, unique vestige de l'ancien couvent de Sant Francesc

Détail de l'édifice, construit par les architectes Oscar Tusquets et Carles Díaz

Escaliers intérieurs

Bibliothèque de l'Orfeó Català

Porte d'accès aux bureaux

Structure de fer soutenant le grand plafonnier de la salle de concerts

G Bureaux de l'étage supérieur ; sur la salle de concerts, où habita le maître Millet

Ouverture permettant l'entrée de lumière sur l'hémicycle

LE PALAU DU XXIème SIÈCLE

En 2000 commence une nouvelle étape d'agrandissement qui comprend la construction d'un auditorium souterrain, un édifice annexe à la façade principale et une place publique ; trois nouveaux espaces dont la réalisation a été possible grâce au déménagement de la Paroisse de Sant Francesc.

Ce projet suppose de compléter définitivement l'ancien Palau, en éliminant l'enfoncement qui rompait la régularité rectangulaire de l'édifice et de montrer la totalité de la belle façade vitrée ouest, aveugle à l'extérieur depuis son inauguration en 1908 et ouverte seulement en partie avec la réforme de 1989.

Le nouvel auditorium, d'une capacité de 600 places, réunit les conditions acoustiques optimales qui en font un espace idéal pour accueillir des récitals de lieder et des concerts de musique de chambre et de musique chorale.

Les installations pourront également accueillir d'autres activités, comme des conférences, des symposiums, des conventions, etc.

Avec la création d'une place d'utilisation publique, scène de concerts à l'air libre occasionnelle, on arrive en plus à améliorer l'urbanisme de cette zone de Barcelone qui manque tant d'espaces ouverts. L'édifice annexe est destiné à améliorer les services au public et disposera ainsi d'un restaurant et de salons de repos, en consonance avec ce qui est en usage dans ce type d'équipements culturels.

La catégorie architectonique du projet, la pleine harmonie entre l'ancien et le nouveau Palau et la façade créative du nouvel édifice, qui utilise la technique de la brique sculptée, suivant le design d'Oscar Tusquets, donnent une image de dignité et de transcendance qui préside et donne un caractère à l'ensemble, converti en un complexe culturel de premier ordre.

Le Palau de la Música peut être contemplé et admiré en toute splendeur, faisant enfin réalité le vieux rêve de Domènech i Montaner.

Esquisse d'Oscar Tusquets

1906 1990 2000

Évolution du bloc du Palau

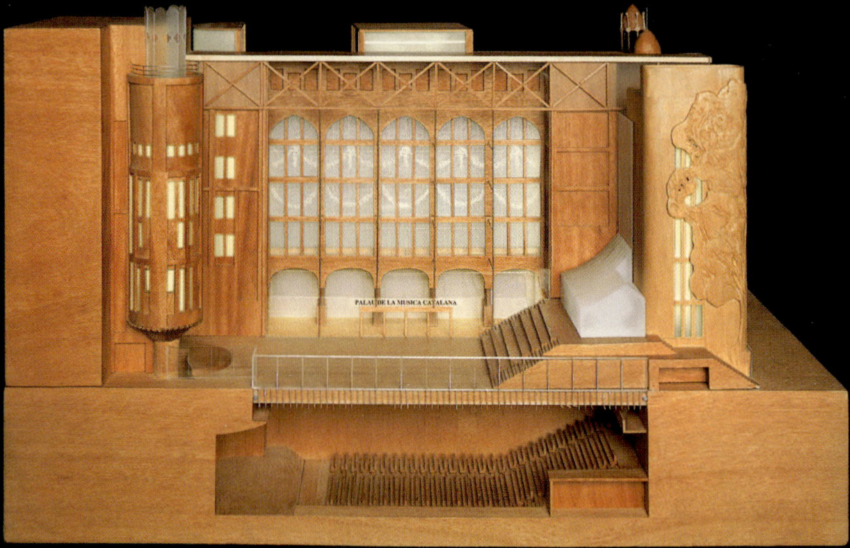
PALAU DE LA MUSICA CATALANA

Le Palau du XXIème siècle